ÉCOUTER LA VOIX DE DIEU

L'exigence immuable de Dieu

Derek Prince

ISBN 978-1-78263-079-1

Originally published in English as a series of audiotapes under the title "Hearing God's Voice" (RC057-RC058).

French translation published by permission of Derek Prince Ministries International USA, P.O. Box 19501, Charlotte, North Carolina 28219-9501, USA.

Traduit par Laurence Jones

Sauf autre indication, les citations bibliques de cette publication sont tirées de la traduction Louis Segond "Nouvelle Edition".
Publié par Derek Prince Ministries France, année 2004.
Dépôt légal: 1e trimestre 2004. Deuxième impression 1e trimestre 2007.

Couverture faite par Damien Baslé, www.damienbasle.com
Imprimé en France

Pour tout renseignement, et pour obtenir un catalogue de tous les livres et toutes les cassettes de Derek Prince disponibles, merci de contacter⁺
DEREK PRINCE MINISTRIES FRANCE
Route d'Oupia, B.P.31, 34210 Olonzac FRANCE
tél. (33) 04 68 91 38 72 fax (33) 04 68 91 38 63
E-mail info@derekprince.fr * www.derekprince.fr

SOMMAIRE

BUREAUX DE DEREK PRINCE MINISTRIES

Derek Prince Ministries International/USA
P.O. Box 19501
Charlotte, NC 28219-9501 Etats-Unis
tél. (1)-704-357-3556
fax (1)-704-357-3502

Derek Prince Ministries Angleterre
Kingsfield
Hadrian way
Baldock SG7 6AN Angleterre
tél. (44)-1462-492100
fax (44)-1462-492102

Derek Prince Ministries Afrique du Sud
P.O. Box 33367
Glenstantia 0010 Pretoria
Afrique du Sud
tél. (27)-12-348-9537
fax (27)-12-348-9538

Derek Prince Ministries Australie
1st floor, 134 Pendle Way
Pendle Hill
New South Wales 2145
Australie
tél. (61)-2-9688-4488
fax (61)-2-9688-4848

Derek Prince Ministries Allemagne
Schwarzauer Str. 56
D-83308 Trostberg
Allemagne
tél. (49)-8621-64146
fax (49)-8621-64147

Derek Prince Ministries (IBL) – Suisse
Alpenblickstr. 8
CH-8934 Knonau
Suisse
Tél: (41) 44 768 25 06
Email: dpm-ch@ibl-dpm.net

Derek Prince Ministries Canada
P.O. Box 8354
Halifax N.S. Canada B3K 5M1
tél. (1)-902 443-9577
fax (1)-902 443-9577

Derek Prince Ministries
Pays-Bas/EE/CIS
Edisonstraat 103
7006 RB Doetinchem
Pays-Bas
Phone: 0251-238771
fax (44)-1582-766777

Derek Prince Ministries
Pacific du Sud
224 Cashel Street
P.O. Box 2029
Christchurch 8000
Nouvelle Zélande
tél. (64)-3-366-4443
fax (64)-3-366-1569

Derek Prince Publ. Pte Ltd
Derek Prince Ministries
10 Jalan Besar
#14-00 (Unit 03) Sim Lim
Tower
Singapore 208787
République de Singapour
tél. (65)-392-1812
fax (65)-392-1823

DPM – NORVEGE
PB 129 – Loddefjord
5881 Bergen
NORVEGE
Tél: 47-5593-4322
Fax: 47-5593-4322
E-mail: Sverre@derekprince.no

Du même auteur:

**"Ils chasseront les démons"
➢ *Ce livre de Derek Prince de 288 pages, qu'il a écrit en 1997, constitue un manuel solide et biblique traitant le sujet délicat de la délivrance d'une façon modérée, réaliste et équilibrée.*

**"Alors viendra la fin... "
➢ *Derek Prince vous montrera comment aborder le sujet de la prophétie dans la Bible. Il est très important pour les enfants de Dieu de savoir comment les reconnaître.*

**"Qui est le Saint-Esprit?"
➢ *Une étude sur la Personne la moins comprise de la Bible: le Saint-Esprit.*

**"Le remède de Dieu contre le rejet"
➢ *Peut-être que le rejet est-il la cause de la douleur la plus profonde, formant l'une des blessures les plus sensibles et vulnérables de l'homme. C'est une expérience courante de nos jours, et de nombreuses personnes en souffrent. Dieu a-t-il pourvu à une solution? Ce livre vous le montrera.*

**"Prier pour le gouvernement"
➢ *D'une façon claire, Derek Prince montre pourquoi il est logique de prier "avant toutes choses" pour ceux qui sont haut placés (1 Tim. 2:1-2). Un enseignement simple et compréhensible, afin de savoir comment et pourquoi prier intelligemment pour le gouvernement.*

**"Les actions de grâces, la louange et l'adoration"
➢ *Une étude profonde sur ce qu'un être humain peut connaître de plus élevé: adorer et louer son Dieu*

**"Le mariage: une alliance"
➢ *En traitant l'une des choses pouvant être la plus profonde et la plus précieuse de la vie, Derek Prince explique ce que le mariage est avant tout aux yeux de Dieu: **une alliance**. Tout comme la Nouvelle Alliance de Jésus était impossible sans sa mort, de même l'alliance du mariage est impensable si les conjoints ne renoncent pas à leur propre vie.*

**"Votre langue a-t-elle besoin de guérison?"
➢ *Tôt ou tard, chaque chrétien est confronté au besoin impératif de contrôler sa langue, mais il n'y parvient pas. Derek Prince apporte au lecteur l'enseignement biblique et les étapes pratiques nécessaires pour discipliner la langue*

**"Façonner l'histoire par la prière et le jeûne"
➢ *Par ce livre Derek Prince donne des exemples aussi bien de l'histoire que de sa propre expérience, comme la combinaison puissante du jeûne et de la prière peut effectuer parfois un changement du cours de l'histoire pour une nation tout entière.*

**"Dieu est un Faiseur de mariages"
➢ *Comment se préparer au mariage? Quel est le plan de Dieu pour le mariage? Qu'est-ce que la Bible dit sur le divorce? Est-ce que la Bible permet de se remarier? Dans quelles conditions? Vous trouverez des réponses claires et bibliques à ces questions si pressantes, à partir d'une expérience personnelle et de plus de cinquante ans de ministère.*

**"Le plan de Dieu pour votre argent"
➢ *Dieu a un plan pour tous les aspects de votre vie, y compris celui de vos finances. Dans ce livre, Derek Prince révèle comment gérer votre argent pour que vous puissiez vivre sous la bénédiction de Dieu et dans l'abondance qu'il a voulues et entendues pour vous.*

Et autres (janvier 2013 93 titres disponibles).
Ecrivez à notre adresse pour recevoir gratuitement un catalogue de tous les livres et de toutes les cassettes de Derek Prince, des lettres d'enseignement gratuites (France et DOM/TOM uniquement) et pour être tenu au courant de toutes les nouvelles éditions, et toute autre nouvelle de:

DEREK PRINCE MINISTRIES FRANCE
Route d'Oupia, B.P.31, 34210 Olonzac FRANCE
tél. (33) 04 68 91 38 72 fax (33) 04 68 91 38 63
E-mail info@derekprince.fr * www.derekprince.fr

ÉCOUTER LA VOIX DE DIEU

Chapitre un

L'exigence immuable de Dieu

La Bible révèle que Dieu s'est occupé de la race humaine de diverses façons, à différentes périodes de l'histoire humaine. Le titre, ou le terme, technique théologique le définissant est "dispensation". A travers l'histoire enregistrée, dans la Bible, de la race humaine, nous trouvons plusieurs dispensations différentes, ce qui signifie des périodes diverses pendant lesquelles Dieu l'a traitée d'une façon spécifique. Puis, plus tard, il a en quelque sorte changé sa façon d'agir, que nous appellerons "passer d'une dispensation à une autre". Je voudrais souligner certains faits au sujet des dispensations, les manières dont elles diffèrent et ensuite un point important dont elles ne diffèrent pas.

Prenons trois dispensations principales qui sont généralement reconnues dans la Bible. La première est la dispensation des patriarches, qui sont des pères de famille comme Abraham, Isaac ou Jacob, et même avant eux des gens comme Enoch et Noé. Durant cette période, dans cette dispensation, Dieu traitait principalement avec des individus et avec leurs familles et ceux-ci avaient une relation directe avec lui.

Puis est venue la dispensation qui est souvent appelée la "dispensation de la loi", quand Dieu a commencé à traiter particulièrement le peuple d'Israël comme une nation collective, et quand il l'a placée sous une loi qui était propre à Israël et qui ne s'appliquait pas tout à fait aux autres nations. Au cours de cette période, et la plupart du temps de cette dispensation, Israël avait un Temple et des sacrificateurs. Les traits marquants de cette époque étaient donc la loi, le Temple et les sacrificateurs.

Est venu alors ce que nous appelons habituellement la "dispensation de l'Evangile", qui est vraiment une proclamation faite à toute l'humanité, quelles que soient la race et la nationalité. Cette proclamation de l'Evangile nécessite de la part de chaque individu une réponse personnelle. Nous avons donc trois dispensations principales:

1. Les patriarches.
2. Israël sous la loi.
3. La dispensation de l'Evangile dans laquelle nous nous trouvons encore aujourd'hui.

Les exigences de Dieu dans ces diverses dispensations étaient quelque peu différentes. Toutefois, au milieu d'elles, il reste une exigence qui ne varie pas, une chose que Dieu a toujours exigée, qui n'a jamais changé d'une dispensation à l'autre, c'est celle *d'écouter la voix de Dieu*. Je crois que, ce qui a toujours distingué ceux qui appartenaient à Dieu et qui les a rendus différents des autres peuples, c'est l'apprentissage de l'écoute de la voix de Dieu.

J'aimerais vous donner quelques exemples tirés du Pentateuque (les cinq premiers livres de Moïse) qui montrent tous l'extrême importance d'écouter la voix de Dieu. Lisons d'abord Exode 15. Israël était parvenu à un stade dans son voyage à travers le désert; le peuple avait très soif. Il est arrivé à un point d'eau qui s'appelait Mara; quand les Israélites ont voulu boire, ils n'ont pas pu parce que l'eau était amère. Moïse a prié le Seigneur et ce dernier lui a montré un certain bois. Quand il l'a jeté dans l'eau, celle-ci est devenue saine et le peuple a pu boire. Dans ce contexte, le Seigneur a dit à Moïse:

> "Si tu écoutes attentivement la voix de l'Eternel, ton Dieu, si tu fais ce qui est droit à ses yeux, si tu prêtes l'oreille à ses commandements et si tu observes toutes ses prescriptions, je ne t'infligerai aucune des maladies que j'ai infligées aux Egyptiens; car je suis l'Eternel, qui te guérit." (Exode 15:26)

Quelle est la première exigence? "Si tu écoutes attentivement la voix de l'Eternel, ton Dieu." Les Hébreux disent: "Si tu veux entendre, écoute." Pour moi, cela signifie que nous devons écouter la voix de Dieu avec nos deux oreilles, la droite et la gauche; c'est cela, écouter pour entendre. Dieu a dit à Israël: "Si tu agis ainsi, tu ne seras jamais malade. Je te garderai en bonne santé. Je serai ton médecin. J'assumerai la responsabilité de ton bien-être physique."

Il y a eu une période dans ma vie où je me suis trouvé malade, dans un lit d'hôpital; les médecins ne pouvaient pas me guérir. A ce moment-là, j'ai dû chercher Dieu pour savoir comment recevoir de lui la guérison. En sondant les Ecritures dans ce contexte précis, j'ai découvert que, presque partout où Dieu parle de la guérison, l'accent est mis sur ce que nous écoutons, tout comme ici: "Si tu écoutes attentivement la voix de l'Eternel, ton Dieu, je ne t'infligerai aucune des maladies." Je crois que c'est encore valable aujourd'hui. Je suis certain que ceux d'entre nous qui apprennent à écouter Dieu avec leurs deux oreilles, qui écoutent la voix de Dieu et lui obéissent, peuvent mener une vie libre de toutes maladies et de bien d'autres plaies et problèmes.

Lisons ensuite Exode 19. Quand Israël est arrivé au pied du mont Sinaï, Moïse est monté au sommet de la montagne; Dieu lui a parlé et lui a donné un message pour les enfants d'Israël:

"Voici ce que ce que tu diras à la maison de Jacob et que tu annonceras aux Israélites: Vous avez vu vous-mêmes ce que j'ai fait à l'Egypte: je vous ai portés sur des ailes d'aigle et fait venir vers moi. Maintenant, si vous écoutez ma voix et si vous gardez mon alliance, vous m'appartiendrez en propre entre tous les peuples, car toute la terre est à moi. Quant à vous, vous serez pour moi un royaume de sacrificateurs et une nation sainte." (Exode 19:3b-6a)

Remarquez de nouveau ce qui prime: "Si vous écoutez ma voix, alors ma faveur sera sur vous; vous serez un peuple unique, différent de tous les autres peuples, avec un niveau de vie élevé et bénéficiant d'un niveau de provisions et de bénédictions inconnues des autres peuples; la condition primordiale est d'obéir à ma voix." J'aimerais juste souligner les trois étapes qui montrent la façon dont Dieu agit avec Israël et qui ressortent de ce passage. Avant tout, Dieu dit qu'il a attiré Israël à lui. Cela a toujours été l'objectif premier de la rédemption: s'approcher personnellement de Dieu. Dieu dit encore: "Je veux que vous obéissiez à ma voix." C'est ce qui nous fait entrer dans sa provision. Il ajoute: "Si vous gardez mon alliance." L'alliance de Dieu, c'est la manière dont il établit et détermine sa relation avec le peuple. Il dit enfin: "Vous êtes un royaume de sacrificateurs." Vous êtes un peuple unique, béni par-dessus tous les peuples, distinct de tous les autres peuples. Cela se déroule dans cet ordre: attiré vers Dieu, obéir à sa voix, et garder son alliance et devenir ainsi un royaume de sacrificateurs.

Lisons à présent quelques versets de Deutéronome 28. Ces paroles ont été prononcées par Moïse à Israël juste avant que les Israélites prennent possession de leur héritage dans la terre de Canaan. C'était une sorte de récapitulation des exigences de Dieu. De nouveau, ce qui ressort le plus est le fait d'écouter la voix de Dieu. Ce chapitre présente deux situations différentes que pouvait connaître le peuple d'Israël. D'abord les bénédictions pour l'obéissance, ensuite les malédictions pour la désobéissance. Dans les deux cas, qu'il s'agisse des bénédictions ou des malédictions, c'est déterminé par le fait qu'ils écoutent ou n'écoutent pas la voix de Dieu. Lisons les deux premiers versets:

> "Si tu obéis bien à la voix de l'Eternel, ton Dieu,
> en observant et en mettant en pratique tous ses
> commandements que je te prescris aujourd'hui,
> l'Eternel, ton Dieu, te donnera la supériorité sur

toutes les nations de la terre. Voici toutes les bénédictions qui viendront sur toi et qui t'atteindront, lorsque tu obéiras à la voix de l'Eternel, ton Dieu." (Deutéronome 28:1-2)

Remarquez que ce passage commence et se termine par le fait de bien écouter la voix de l'Eternel. La conséquence en est: "Toutes les bénédictions qui viendront sur toi et qui t'atteindront". Un peu plus loin nous lisons l'autre facette:

"Mais si tu n'obéis pas à la voix de l'Eternel, ton Dieu, si tu n'observes pas et ne mets pas en pratique tous ses commandements et toutes ses prescriptions que je te donne aujourd'hui, voici toutes les malédictions qui viendront sur toi et qui t'atteindront." (Deutéronome 28:15)

N'est-ce pas très clair? Quelle folie d'être négligents! Si nous obéissons bien à la voix de Dieu, nous avons toutes ces bénédictions. Si nous n'obéissons pas à la voix de l'Eternel, nous recevons toutes ces malédictions. C'est là l'exigence permanente de Dieu envers son peuple de toutes les époques et de toutes les dispensations. Au fond, c'est très simple. "Si vous voulez être mon peuple, si vous voulez bénéficier de mes bénédictions, écoutez bien ma voix. Ecoutez-la bien avec vos deux oreilles. Mais si vous ne l'écoutez pas, si vous ne le faites pas, alors ce ne sera pas des bénédictions, mais des malédictions, en particulier dans le domaine de la guérison. Si vous écoutez bien la voix de l'Eternel, votre Dieu, je suis l'Eternel qui te guérit."

De plus, au-delà de la guérison, pour toutes les autres provisions et bénédictions, la clé est: "Si vous écoutez bien la voix de l'Eternel, votre Dieu."

Poursuivons maintenant avec ce principe d'écouter la voix de Dieu; il s'applique aussi dans le Nouveau Testament.

Chapitre deux

La marque de la brebis de Christ

Par l'intermédiaire des prophètes, Dieu a rappelé à Israël cette exigence fondamentale qu'il leur a assignée à travers Moïse et que nous venons d'évoquer, celle d'écouter la voix de l'Eternel. Cela est brièvement résumé d'une manière succincte et claire dans le livre du prophète Jérémie, quand Dieu réprimande les Israélites de ne pas avoir compris ce qu'il exigeait d'eux et de ne pas y avoir obéi. Il leur dit:

> "Car je n'ai point parlé avec vos pères et je ne leur ai donné aucun ordre, le jour où je les ai fait sortir du pays d'Egypte, au sujet des holocaustes et des sacrifices. (Dieu dit: "Vous êtes tellement occupés avec vos offrandes et vos sacrifices, mais ce n'était pas la chose la plus importante que j'attendais de vous; il y avait quelque chose de plus important.") Mais voici l'ordre que je leur ai donné: Ecoutez ma voix, pour que je sois votre Dieu, et que vous soyez mon peuple." (Jérémie 7:22-23a)

Je pense qu'on ne peut pas être plus clair et plus simple: "Ecoutez ma voix et je serai votre Dieu." Voilà l'exigence immuable de Dieu depuis toujours et à chaque dispensation. Beaucoup de choses ont changé, mais pas celle-ci. "Ecoutez ma voix et je serai votre Dieu." Hélas, les Israélites n'ont pas fait ce que Dieu exigeait, et c'est pourquoi Jérémie poursuit:

> "Et ils n'ont pas écouté, ils n'ont pas tendu l'oreille; ils ont suivi les conseils, l'obstination de leur cœur mauvais. Ils ont été en arrière et non en avant." (verset 24)

Quel était le plus grand problème d'Israël? Nous pouvons en relever plusieurs manifestations extérieures, mais sa racine est exprimé ici: "Ils n'ont pas écouté, ils n'ont pas tendu l'oreille." Remarquez que tout tourne autour du fait d'écouter. Les Israélites n'ont pas écouté, n'ont pas ouvert leurs oreilles; ils n'ont pas écouté la voix de l'Eternel, leur Dieu, et n'ont pas reçu ce que Dieu avait pour eux; ils sont passés à côté de tous les desseins de Dieu. Dieu a dit, dans Exode 19:5-6, que "si vous obéissez à ma voix, alors vous serez un trésor précieux; vous serez un royaume de sacrificateurs, une nation sainte; l'unique exigence primordiale, c'est que vous écoutiez et obéissiez à ma voix".

"Ecoutez ma voix et je serai votre Dieu." J'insiste sur ce fait. Si vous voulez vraiment appartenir au Seigneur, marcher dans ses voies, profiter de ses bénédictions, voilà ce qu'il vous dit, tout comme à Israël: "Ecoute ma voix et je serai ton Dieu." Dans le Nouveau Testament, avec l'enseignement de Jésus, cette exigence importante et essentielle d'écouter la voix de l'Eternel n'a pas changé. D'autres choses ont changé, mais celle-ci demeure. Lisons quelques versets tirés de Jean 10, dans lesquels Jésus se présente au peuple comme étant le bon berger. Voilà ce qu'il dit de la relation du berger avec ses brebis, c'est-à-dire entre l'Eternel et son peuple:

> "Le portier lui ouvre (le berger), et les brebis entendent sa voix; il appelle par leur nom les brebis qui lui appartiennent et les mène dehors (quelle est la marque des brebis de Jésus? Elles entendent la voix du berger). Lorsqu'il a fait sortir toutes celles qui lui appartiennent, il marche devant elles; et les brebis le suivent, parce qu'elles connaissent sa voix. (Quel est le fondement de notre relation avec le Seigneur Jésus? Nous le suivons. Pourquoi? Parce que nous connaissons sa voix.) Elles ne suivront pas la voix d'un étranger; mais elles fuiront loin de lui, parce qu'elles ne

connaissent pas la voix des étrangers." (Jean 10:3-5)

Tout tourne autour du fait d'entendre et de connaître la voix de l'Eternel. Ses brebis, son peuple, entendent sa voix, le reconnaissent et le suivent. Elles ne suivront pas des séducteurs, des faux prophètes ou des faux enseignants, parce que ce n'est pas la voix de l'Eternel. Elles connaissent la voix de l'Eternel; elles ne seront pas trompées par de faux enseignants.

Jusque-là, Jésus s'adressait à ceux qui croyaient en lui parmi le peuple d'Israël. Dans Jean 10:16, il s'adresse aux peuples des autres nations et leur dit:

"J'ai encore d'autres brebis qui ne sont pas de cette bergerie (pas parmi le peuple juif); celles-là, il faut aussi que je les amène; elles entendront ma voix, et il y aura un seul troupeau, un seul berger."

Qu'est-ce qui va attirer à Jésus des croyants issus de toutes les nations? Comment vont-ils venir à lui? Il est écrit: "Elles entendront ma voix." C'est la marque distinctive de ceux qui viennent à Jésus. Je pense qu'il est intéressant que ce soit dans ce contexte qu'il est écrit: "Et il y aura un seul troupeau, avec un seul berger." Quelle est la voie pour l'unité chrétienne? Je ne pense pas que c'est dans l'organisation, ni dans des débats purement doctrinaux ou théologiques. Je crois que cela vient en apprenant à écouter la voix de l'Eternel. "Ils entendront ma voix." Jésus a dit: "Et il y aura un seul troupeau, un seul berger." Comment est-ce possible? Cela l'est à travers l'écoute de la voix de l'Eternel. Ce fait nous est résumé dans Jean 10:27. C'est Jésus qui parle:

"Mes brebis entendent ma voix. Moi, je les connais, et elles me suivent."

Il existe trois choses qui mettent une marque sur les vrais croyants de l'Eternel, ses disciples, son peuple: ils entendent sa voix, il les connaît (il les reconnaît), et ils le suivent. Il n'est pas question ici de dénominations. Jésus ne parle pas en termes de catholiques, de protestants, de baptistes, de méthodistes, de presbytériens ou de pentecôtistes. Il n'a pas dit: "Mon peuple viendra d'un groupe ou d'une dénomination particulière", mais il a dit: "La marque distinctive de mon peuple, ce qui les singularise des autres peuples, ce qui les rend différents et qui fait qu'ils sont à moi, c'est qu'ils écoutent ma voix. Je les connais, ils me suivent." Nous savons bien sûr que, du temps de la Bible, dans le pays de la Bible, un berger ne conduisait pas son troupeau dans un véhicule, il le dirigeait; il le faisait par le son de sa voix. Le troupeau, quant à lui, ne le suivait pas en le regardant, mais essentiellement en l'écoutant; il allait toujours là où il entendait la voix du berger. Si vous appliquez cette analogie qui est entièrement conforme aux Ecritures, c'est impossible de suivre le Seigneur à moins d'entendre sa voix. Cela se fait à travers l'écoute de sa voix.

Laissez-moi vous dire ceci dans l'amour: Jésus n'a pas dit: "Mes brebis liront la Bible." Je crois qu'il est important de la lire, mais ce n'est pas suffisant, parce que beaucoup de gens la lisent sans entendre la voix du Seigneur. Ce n'est pas uniquement le fait de lire la Bible qui nous rend capables de le suivre; c'est aussi écouter sa voix. "Mes brebis entendent ma voix. Moi, je les connais, et elles me suivent."

Chapitre trois

Trois éléments caractéristiques

Je vais maintenant souligner les trois éléments caractérisant l'écoute de la voix de Dieu. Ils sont considérablement différents de ce qui est habituellement accepté comme une conduite ou une activité religieuse normale. Ce message est de beaucoup de façons révolutionnaire. Cela paraît très simple mais, dès que vous le prenez vraiment à cœur et que vous commencez à l'appliquer, vous allez découvrir qu'il va changer un certain nombre de choses dans votre vie comme vos standards ou vos valeurs. Cela va très probablement changer votre façon de vivre.

Voici les trois caractéristiques pour entendre la voix de Dieu. Tout d'abord, entendre la voix de Dieu est très personnel. Ensuite, entendre la voix de Dieu est intangible. Enfin, entendre la voix de Dieu se fait au présent; ce n'est jamais dans le passé ni dans le futur, c'est toujours maintenant, à présent. Abordons ces trois caractéristiques.

Entendre la voix de Dieu, c'est personnel

Avant tout, entendre la voix de Dieu est quelque chose de personnel. Chaque voix est personnelle et unique. Il n'y a pas deux voix exactement pareilles. La voix est l'une des caractéristiques les plus individuelles de la personnalité humaine. C'est pourquoi Jésus a dit de son troupeau: "Ils ne suivront pas un étranger, parce que la voix d'un étranger est différente." Notre protection est d'entendre la voix du Seigneur, d'avoir une relation personnelle et individuelle avec lui, et non pas simplement avoir une relation avec un personnage historique ou avec un mouvement ou une doctrine quelconque; c'est avoir une relation avec le Seigneur lui-même à travers sa voix. J'ai entendu une déclaration assez extraordinaire. Il existe une façon d'élaborer un coffre-fort, par exemple pour l'utilisation dans une banque, qui fait que la "chose" qui l'ouvre et déclenche la combinaison est une certaine voix (elle peut être la voix du directeur de la banque ou du responsable); aucune autre voix ne peut provoquer l'ouverture de ce coffre-fort. Ce qui est ici révélateur, c'est que la voix d'une personne est absolument distincte et individuelle. Il existe une voix qui peut ouvrir ce coffre qui ne s'ouvrira à aucune autre voix. C'est pour moi une parabole, parce que je pense que c'est ainsi que devrait être le cœur du croyant. Je pense que notre cœur devrait être comme un coffre-fort, quelque chose qui renferme les plus grands trésors de valeur que nous possédons. Je crois qu'il ne devrait y avoir qu'une voix qui ouvre ce coffre-fort, celle du Seigneur lui-même. Il peut nous arriver de terribles souffrances et des ennuis si nous ouvrons la porte de notre cœur à la mauvaise personne. C'est ce qui est à l'origine de la plupart des problèmes et des tragédies du monde aujourd'hui; les gens ouvrent leur cœur à la mauvaise personne. Considérez à partir de maintenant votre cœur comme la combinaison d'une porte, et celle-ci ne répondra qu'à une seule voix, celle du Seigneur. Vous savez que, quand vous vous ouvrez au Seigneur, il ne vous sera pas fait de mal; vous ne serez pas trompé, vous ne serez pas déçu. Beaucoup d'entre nous ont appris par expérience que, s'ils ouvrent la porte à la mauvaise personne, s'ils répondent à la mauvaise voix, il en résultera beaucoup de problèmes douloureux et des troubles. Vous voyez là la relation du berger et de son troupeau. David a dit:

> "L'Eternel est mon berger: je ne manquerai de rien." (Psaume 23:1)

A partir de cette relation personnelle, chaque besoin de David était garanti d'être pourvu. Mais Jésus a dit: "Mes brebis entendront ma voix." Comment le Seigneur peut-il être notre berger? Seulement si nous entendons sa voix. Si nous l'entendons, alors il est notre berger et tous nos besoins sont pourvus. N'est-ce pas merveilleux?

Cultivez l'habitude d'écouter la voix de Dieu

Un autre critère pour entendre la voix de Dieu, c'est que c'est intangible. Nous ne pouvons pas y toucher ni l'appréhender avec notre vue ou avec nos sentiments. Il n'existe qu'une seule façon d'appréhender une voix, et c'est par l'écoute. La plupart de nos associations religieuses nous font communiquer avec quelque chose de tangible. Quand nous parlons de religion, nous pensons à quelque chose dans l'espace et dans le temps, comme un bâtiment, une église, certains types de meubles, de bancs, de chaire, peut-être des vitraux, des orgues, des types de vêtements. Dans certaines églises, des habits spéciaux sont portés. Dans d'autres communautés, les gens s'habillent d'une façon un peu particulière. Il y a certaines catégories de livres, de livres de prières, de livres de chants, de livres avec des couvertures épaisses (comme du temps où j'étais un membre régulier) qui étaient habituellement de couleur noire. Certaines sortes de chants de références étaient tangibles. C'était dans l'espace et dans le temps. C'était associé avec un lieu et avec des choses. Cependant entendre la voix de Dieu n'a absolument rien à voir avec ces caractéristiques. Ce n'est pas restreint à un lieu particulier. Cela ne nécessite pas un certain type d'uniforme, d'habits, de meubles ou de bâtiment. C'est tout près. C'est, dans un sens, très délicat. C'est presque dangereux. Il n'y a rien à quoi s'accrocher. Toutes les anciennes références, toutes les béquilles, comme disait Luther, tout a disparu et il n'y a plus que vous dans cette relation personnelle intime avec le Seigneur; c'est une relation intangible.

Entendre la voix de Dieu, c'est toujours au présent

Entendre la voix de Dieu n'est jamais dans le passé ni dans le futur; c'est toujours à présent. Ce n'est que maintenant que nous pouvons entendre une voix. A propos d'un livre, nous pouvons le prendre, le lire, le poser et dire que c'est là. Ou nous pouvons dire: "Je le lirai de nouveau demain." Mais une voix ne concerne que le moment présent. Elle n'a pas de passé, elle n'a pas de futur; elle nous enferme dans le présent. Ce que j'ai remarqué, au sujet des gens religieux, c'est que la plupart de leurs pensées concernent presque toujours le passé ou le futur. Les chrétiens parlent de ce qui s'est produit à l'époque de Moïse, à celle de Jésus ou à celle de Pierre. C'est dans le passé. Ou alors ils parlent de ce qui arrivera quand nous serons au ciel, de la façon dont ce sera. Je suis d'accord avec toutes ces pensées, mais il ne faut pas oublier que nous ne vivons ni dans le passé ni dans le futur. Nous vivons au présent. Certaines personnes religieuses ont beaucoup de mal à vivre parce que, pour elles, tout est soit dans le passé, soit dans le futur. Quand vous réalisez qu'il vous faut avoir une relation avec Dieu en écoutant sa voix, alors cela vous oblige à une relation présente, à vivre une expérience au présent. Il est intéressant de lire le passage où l'Eternel est apparu à Moïse dans le désert et l'a envoyé délivrer son peuple d'Egypte. Moïse a posé une question très pratique:

> "Moïse dit à Dieu: J'irai donc vers les Israélites et je leur dirai: le Dieu de vos pères m'a envoyé vers vous. Mais, s'ils me demandent quel est son nom, que leur répondrais-je? Dieu dit à Moïse: Je suis celui qui suis. Et il ajouta: C'est ainsi que tu répondras aux Israélites: Celui qui s'appelle "Je suis" m'a envoyé vers vous." (Exode 3:13-14)

L'expression "Je suis" est au temps présent. Elle n'est ni au passé ni au futur. Le nom de Dieu est au présent. Dieu vit maintenant. Notre relation avec lui doit se vivre être maintenant. Alors que nous apprenons à écouter la voix de Dieu, nous avons cette relation présente et personnelle avec lui.

Chapitre quatre

Ecouter la voix de Dieu produit la foi

Etudions maintenant une conséquence particulière qui vient du fait d'écouter la voix de Dieu et qui est d'une valeur inestimable. Cette conséquence est *la foi*. Ecouter la voix de Dieu produit la foi. Beaucoup de gens la recherchent, luttent pour l'avoir et courent partout pour la trouver; ils n'y parviennent pas parce qu'ils n'ont pas découvert le secret de la foi. Cette dernière vient de ce que nous écoutons la voix de Dieu. Nous le lisons dans Romains 10:17:

> "Ainsi la foi vient de ce qu'on entend, et ce qu'on entend vient de la parole du Christ."

Nous devons comprendre que, dans la langue originale du Nouveau Testament, qui est le grec, il existe deux mots distincts, tous deux traduits en français par le mot "parole". Il existe deux mots grecs distincts qui sont "logos" et "rhéma". Si nous ne comprenons pas cette différence, nous ne pourrons pas saisir ce qui suit. Etudions d'abord le mot "logos". "Logos" est l'un des plus grands concepts de la langue grecque (j'ai étudié le grec depuis l'âge de dix ans et je suis qualifié pour l'enseigner à l'université. Je le dis simplement pour que vous sachiez que je sais de quoi je parle). Il a toutes sortes de significations: "la pensée", "le conseil" ou "la raison". C'est compréhensible. "Logos", dans la Bible, est vraiment la pensée de Dieu. C'est le conseil de Dieu, le projet complet de Dieu. Lisons par exemple ce que David en dit dans le Psaume 119:89:

> "A toujours, ô Eternel! Ta parole subsiste dans les cieux."

Une autre traduction dit: "Eternel! Ta parole est établie à toujours dans les cieux." (version Darby) C'est cela, le "logos" de Dieu, son conseil total. Cela ne change jamais, c'est éternel, c'est hors du temps, c'est dans les cieux, c'est établi. Du début à la fin, c'est là tout le temps, toujours. C'est la pensée, le conseil et le projet de Dieu. Ce "logos", ce conseil de Dieu, est résumé dans une personne. Jean nous dit:

> "Au commencement était la Parole, et la Parole
> était avec Dieu, et la Parole était Dieu. Elle était
> au commencement avec Dieu." (Jean 1:1-2)

Jésus est aussi le "logos" personnifié. Il est le conseil complet, l'objectif et la pensée de Dieu. Il a dit: "Celui qui m'a vu a vu le Père. Je représente tout ce que le Père est, tout ce que le Père fait, tout ce que le Père veut; chaque plan, chaque projet, je le représente." C'est cela, le "logos", et c'est établi pour toujours dans les cieux; cela ne peut pas changer, c'est éternel.

Le mot "rhéma" a une autre signification, même si, à la fin, ces deux termes se rejoignent. "Rhéma" signifie spécifiquement "une parole parlée". Ce n'est pas un "rhéma" tant que ce n'est pas parlé. La parole de Dieu (le conseil de Dieu) est établie pour toujours dans les cieux; quelle soit parlée ou pas, c'est là, c'est éternel. Un "rhéma" est uniquement une parole qui est parlée. Dans Matthieu 4:4, Jésus utilise le mot "rhéma":

> "Jésus répondit: Il est écrit: L'homme ne vivra pas
> de pain seulement, mais de toute parole qui sort de
> la bouche de Dieu."

"Tout "rhéma" qui sort de la bouche de Dieu." Il y a donc le conseil de Dieu si vous arrivez à le figurer, un conseil dans les cieux qui est éternel, qui ne change pas, qui est complet. Mais nous ne possédons pas tout le conseil de Dieu. Nous ne parvenons pas avec notre pensée limitée à le comprendre. Dieu nous le met à notre portée dans un "rhéma", dans une parole qui nous est adressée, qui devient personnelle, que nous recevons personnellement. L'homme vit donc de toute parole qui sort de la bouche de Dieu. Le conseil total de Dieu nous est imparti en portions telles, que nous sommes capables de la recevoir "rhéma" par "rhéma". Ce que Jésus veut dire, c'est que Dieu a un "rhéma" pour nous tous les jours. L'homme ne vivra pas de pain seulement, mais chaque jour de la parole de Dieu; le "rhéma" qui sort de la bouche de Dieu sera notre portion pour ce jour. D'une certaine façon, il l'a comparé avec le pain naturel. Tout comme le pain naturel nourrit le corps naturel de l'homme, de même cette parole personnelle qui vient de Dieu nourrit l'homme intérieur, son esprit. Nous avons besoin tant de l'un que de l'autre. Pour garder notre corps en vie, nous avons besoin du pain naturel. Pour garder notre esprit en vie et en bonne santé, nous avons besoin du pain spirituel, de la parole personnelle qui vient de Dieu, de la voix du Seigneur qui vient jusqu'à nous. Voilà donc la différence entre "logos" et "rhéma". Le "logos" est éternel dans les cieux et ne change pas. Le "rhéma" descend jusqu'à nous, est personnel et est une parole que nous entendons, quelque chose qui est parlé. Il s'agit donc bien, dans Romains 10:17, de "rhéma". La foi vient de ce que nous entendons et ce que nous entendons vient de "rhéma", de la parole de Christ. Si cette dernière n'était pas parlée, nous ne pourrions pas l'entendre. Nous ne pouvons pas entendre le "logos", car il est éternel; c'est le conseil de Dieu dans le ciel. Nous entendons le "rhéma" qui nous apporte cette petite portion du conseil de Dieu dont nous avons besoin à un moment donné, d'une façon personnelle, et c'est de cette manière que vient la foi. J'espère ne pas vous offenser, mais la Bible ne dit pas que la foi vient de la lecture de la Bible. Beaucoup de gens le pensent. Pourquoi est-ce impossible? Si vous êtes honnête, il existe de nombreuses fois où vous lisez la Bible et n'entendez rien. Tout ce que vous voyez, ce sont des marques noires sur du papier blanc devant vos yeux et vous pouvez continuer ainsi pendant une heure sans obtenir la foi. D'autres fois, vous pouvez juste prendre la Bible, l'ouvrir, et une phrase ressort de la page et vous dites: "C'est cela; c'est ce que Dieu me dit maintenant." Je ne peux pas vous dire le nombre de fois que cela m'est arrivé. Parfois, par hasard, j'ai simplement ouvert la Bible; le Saint-Esprit a dirigé mes yeux sur un verset, et Dieu m'a dit: "Voilà, c'est cela; c'est mon "rhéma"." Quand vous entendez ce "rhéma", c'est beaucoup plus que le fait de lire la Bible. C'est la parole personnelle de Dieu; c'est la voix de Dieu qui vous parle et la foi vient en entendant la parole parlée de Dieu. Tout est concentré sur le fait d'entendre la voix de Dieu. "Obéissez à ma voix et je serai votre Dieu." "Si vous écoutez attentivement la voix de l'Eternel, alors aucune de ces maladies ne vous atteindra."

Revenons à Romains 10:17. "La foi vient de ce qu'on entend, ce qu'on entend du "rhéma" de Christ." Je veux vous expliquer quelque chose que j'ai appris et expérimenté et qui est d'une importance capitale si vous arrivez à en saisir la valeur. Ce quelque chose est la manière dont vient la foi. Je suis resté sur un lit d'hôpital pendant une année tout en étant chrétien. Les médecins ne parvenaient pas à me guérir. Je savais que mon seul espoir était en Dieu. Je n'arrêtais pas de me dire: "Si j'avais la foi, je sais que Dieu pourrait me guérir." Ensuite je me disais: "Je n'ai donc pas la foi." Un jour, le verset de Romains 10:17 m'est venu en pensée: "La foi vient de ce qu'on entend", et je m'y suis accroché. La foi *vient*. Si je ne l'ai pas, je peux l'obtenir. Ensuite j'ai lu le reste du verset, je l'ai médité, j'ai prié, j'ai cherché Dieu et, peu à peu, Dieu m'a éclairé sur la façon dont vient la foi. J'ai reçu ainsi la foi pour ma guérison. Je remercie Dieu du service médical, même si médecins et infirmières n'ont pas réussi à me guérir. Cette fois-là, la guérison m'était venue directement de Dieu et elle est venue quand j'ai entendu le "rhéma", parole parlée de Dieu. C'est ce qui a produit la foi. Il y a donc un processus par lequel vient la foi. Comprenez-le bien. Il existe trois étapes dans ce processus. Tout d'abord la parole de Dieu, le "rhéma" de Dieu; Dieu parle. Ensuite votre réponse, écouter; vous êtes ouvert à la parole de Dieu. J'aborderai plus loin ce thème de l'écoute. Enfin de l'écoute vient la foi. Il y a normalement un élément de temps dans l'écoute. Cette dernière n'est pas forcément quelque chose d'instantané. Il nous faut avoir une certaine attitude, un certain état d'esprit. Nous pouvons être assis à lire la Bible ou écouter une prédication, mais ce ne sont que des mots auxquels nous ne faisons pas attention. Nous pouvons aussi nous installer dans une sorte de silence intérieur. Notre esprit est au repos, notre processus d'activité mentale est arrêté; nous sommes à l'écoute. De cette écoute vient la foi. Permettez-moi de vous donner un conseil: cultivez cette capacité d'écouter. Soyez ouvert à ce que Dieu vous dit personnellement. Ce sera en accord avec les Ecritures; ce ne sera jamais en décalage par rapport à elles, mais ce sont elles qui vont devenir vivantes et personnelles par le Saint-Esprit. C'est de cette façon que la foi vient: en écoutant la voix de Dieu.

Chapitre cinq

Ecouter la voix de Dieu donne un style de vie particulier

Je vais à présent expliquer le style de vie conséquent au fait d'écouter la voix de Dieu. Les gens apprenant à écouter la voix de Dieu mènent une vie qui diffère de celle des autres. Ils ne peuvent tout simplement pas être les mêmes. Lisons Matthieu 4:4, où Jésus réplique à la tentation de Satan de transformer les pierres en pains dans le désert:

> "Jésus répondit: Il est écrit: L'homme ne vivra pas de pain seulement, mais de toute parole qui sort de la bouche de Dieu."

La parole ici est "rhéma": "Chaque "rhéma" qui sort de la bouche de Dieu." Le verbe "sort" est au présent. Ecouter la voix de Dieu indique une relation personnelle directe avec Dieu. Nous sommes en accord avec lui en ce moment même, à partir de maintenant. Ce n'est ni dans le passé ni dans le futur, c'est ici et maintenant, dans le présent. C'est la parole continue qui sort de la bouche de Dieu pour ce moment donné, pour ce temps présent, pour cette situation précise. C'est de cela que nous vivons. Jésus était en train de parler et de comparer ce "rhéma" au pain. Il a dit: "L'homme ne vivra pas de pain seulement, mais de toute parole qui sort de la bouche de Dieu." Cela ne se fait que par le Saint-Esprit. Si vous tenez une Bible devant vous, tout ce que vous avez ne sont que des feuilles de papier blanc avec des traces noires dessus. Vous ne pouvez pas les entendre. Personne ne peut entendre des traces noires sur du papier blanc. C'est impossible. Comment cela peut-il se transformer en voix, en parole audible que vous pouvez entendre? Il n'y a qu'une seule puissance dans l'univers qui peut transformer ces traces noires sur du papier blanc pour que celles-ci deviennent la voix de Dieu, et c'est le Saint-Esprit. Nous sommes donc totalement dépendants du Saint-Esprit. C'est lui qui nous apporte dans une situation précise le "rhéma", parole de Dieu dont nous avons besoin, qui nous l'apporte à la hâte, qui l'impartit de la vie de Dieu, qui fait d'elle une parole vivante. Ainsi, en écoutant cette parole de Dieu, nous sommes en contact avec Dieu le Saint-Esprit. C'est Dieu le Saint-Esprit qui nous guide et qui nous dirige tout le long du chemin, chaque jour par le "rhéma" qu'il nous donne. Paul dit, dans Romains 8:14:

> "Car tous ceux qui sont conduits par l'Esprit de Dieu sont fils de Dieu."

Qu'est-ce qui fait donc de nous des fils de Dieu? C'est d'être conduits par l'Esprit de Dieu. Il existe diverses façons par lesquelles le Saint-Esprit agit dans notre vie, et j'aimerais en distinguer deux. Tout d'abord, nous naissons du Saint-Esprit et cela fait de chacun de nous un enfant nouveau-né, un bébé. Pierre a dit, dans sa première épître: "En tant que nouveau-né, désirez le lait pur de la Parole." Cela ne fait cependant pas de nous des fils de Dieu adultes et mûrs. Comment pouvons-nous devenir des fils adultes et mûrs? C'est uniquement en étant conduits par le Saint-Esprit. Tous ceux qui sont conduits par l'Esprit de Dieu sont fils de Dieu; ils ne sont pas des enfants ou des bébés, mais des fils parvenus à maturité. Remarquez qu'il s'agit là d'un présent, de quelque chose qui se déroule en ce moment: "Tous ceux qui sont conduits par l'Esprit de Dieu." Il ne s'agit pas de ce qui ne s'est produit qu'une seule fois, qu'une fois par semaine, ou uniquement à l'église le dimanche ou quel que soit le jour où vous y allez, mais il s'agit de quelque chose qui se déroule tout le temps dans votre vie quotidienne. Il s'agit de notre pain quotidien. Il s'agit d'entendre la voix du Seigneur à travers le Saint-Esprit et, alors que nous l'entendons, nous sommes dirigés. Mon épouse et moi[1] faisions régulièrement une prière chaque fois que nous nous déplacions. Notre prière était

---

[1] Il parle de Ruth Prince, décédée en décembre 1998.

que nous nous trouvions toujours au bon endroit au bon moment. Nous avions réalisé que cela faisait une grande différence. Nous passions beaucoup de temps à Jérusalem et un grand nombre de moyens de communications auxquels nous avions habituellement recours aux Etats-Unis n'étaient pas accessibles à Jérusalem. Beaucoup de gens n'avaient pas le téléphone ni de voitures. La distribution du courrier se faisait d'une façon incroyable. Je me souviens avoir une fois posté une lettre d'une adresse à Jérusalem vers une autre, et cela a mis dix-sept jours pour arriver. Comment pouvions-nous donc communiquer avec les gens? L'une de nos solutions était de prier pour toujours être au bon endroit au bon moment. C'est incroyable la façon dont nous rencontrions la personne que nous avions justement besoin de rencontrer, sans l'avoir prévu et cela exactement au moment où nous avions besoin de lui parler et au bon endroit. Qui l'organise? C'est le Saint-Esprit. Il nous pousse. Il dit: "Aujourd'hui, c'est le jour pour aller à la banque." Vous y allez et voilà devant vous, dans la file d'attente, la personne même que vous aviez besoin de rencontrer, qui est là avec son chèque. Ou alors: "Ne prends pas ce bus, prends l'autre." C'est le "rhéma", c'est la parole parlée, c'est la direction ininterrompue du Saint-Esprit, c'est ce qui fait de nous des fils de Dieu mûrs. Nous naissons de nouveau par le Saint-Esprit pour être des petits bébés; pour grandir, nous devons entendre la voix du Seigneur, être continuellement conduits par le Saint-Esprit. Je vais vous montrer que ce style de vie, le fait d'écouter la parole de Dieu comme du pain quotidien d'une façon personnelle, le fait d'avoir le Saint-Esprit qui nous parle d'une façon personnelle et quotidienne, était le propre style de vie de Jésus. Il n'a pas simplement prêché, il a mis en pratique. Dans Esaïe 50:4-7, il y a une belle image prophétique de la vie terrestre de notre Seigneur Jésus, de son ministère et en particulier de sa relation quotidienne ininterrompue avec Dieu le Père:

"Le Seigneur, l'Eternel m'a donné le langage des disciples (c'est Jésus qui parle), pour que je sache soutenir par la parole celui qui est fatigué..."

Jésus était capable de donner cette parole qui soutenait ceux qui étaient fatigués. Comment la recevait-il? Lisons:

"... Il éveille, chaque matin, il éveille mon oreille, pour que j'écoute, à la manière des disciples. Le Seigneur, l'Eternel m'a ouvert l'oreille, et moi, je ne me suis pas rebellé, je ne me suis pas retiré en arrière.

Voilà le secret de Jésus. Dieu éveillait son oreille tous les matins. Chaque matin, il entendait la voix de son Père qui lui parlait, qui le guidait, qui lui donnait la direction, les consignes et la force pour la journée. Il continue:

"J'ai livré mon dos à ceux qui me frappaient et mes joues à ceux qui m'arrachaient la barbe; je n'ai pas dérobé mon visage aux outrages et aux crachats."

Ici, nous avons une image prophétique très claire de Jésus. Pourquoi Jésus était-il disposé à endurer tout cela? Comment en était-il capable? Où retirait-il de la force? La réponse est qu'il entendait la voix du Père. Chaque matin, il entendait de son Père avant de communiquer avec les être humains. Puis il continue:

"Mais le Seigneur, l'Eternel m'a secouru; c'est pourquoi je n'ai pas été outragé, c'est pourquoi j'ai rendu mon visage semblable à un roc, sachant que je ne serais pas honteux."

Jésus commençait chaque journée en écoutant le Père. Voici quelques conséquences qui en découlent. D'abord il avait des paroles d'encouragement pour les autres. Ensuite il recevait lui-même une direction personnelle pour chaque jour. Puis il recevait l'obéissance. Entendre la voix de Dieu produit l'obéissance. Après il recevait la force d'endurer tout ce par quoi il devait passer. Il avait besoin davantage que la simple force humaine; il avait besoin de la force surnaturelle et il la recevait à travers l'écoute de la voix du Père. Enfin il recevait de la détermination. Il disait: "J'ai rendu mon visage comme un roc, je ne vais pas faire demi-tour." Tout ce que Jésus a reçu en écoutant la voix du Père, voix de Dieu, provoquera en nous les mêmes réactions qu'en Jésus. Il nous faut cultiver cette habitude de laisser le Seigneur éveiller notre oreille chaque matin, afin que nous entendions en premier sa voix.

Chapitre six

Ecouter avec le cœur

Je vais m'employer maintenant à répondre à la question: "Comment pouvons-nous écouter la voix de Dieu?" Pour commencer, tournons-nous vers l'enseignement de Jésus dans les Evangiles. A plusieurs reprises, Jésus a parlé d'avoir des oreilles pour entendre, en particulier quand il enseignait en paraboles. Par exemple, dans Marc 4:9, nous lisons:

"Puis il dit: Que celui qui a des oreilles pour entendre, entende."

Dans Marc 4:23, un peu plus loin dans le même chapitre:

"Si quelqu'un a des oreilles pour entendre, qu'il entende."

Que signifie "avoir des oreilles pour entendre"? De toute évidence, Jésus ne parlait pas d'oreilles physiques. Certainement que tous les gens qui l'écoutaient étaient en possession de leurs deux oreilles physiques, la plus grande majorité en tout cas. La plupart d'entre eux n'étaient pas physiquement sourds. Pourtant Jésus leur dit: "Si quelqu'un a des oreilles pour entendre, qu'il entende." De quoi parlait-il donc? Je pense qu'il se référait à une attitude intérieure du cœur. Je crois que le principe de ce dont nous parlons est que nous devons écouter Dieu avec notre cœur. Nous devons avoir un cœur qui écoute Dieu. Lisons-en un exemple dans la vie de Salomon. Tout au début de son règne en tant que roi d'Israël, il est écrit que l'Eternel est apparu à Salomon dans un rêve et lui a posé une question d'une extrême importance:

"A Gabaon, l'Eternel apparut en songe à Salomon pendant la nuit. Dieu lui dit: Demande ce que tu veux que je te donne." (1 Rois 3:5)

Voilà une situation dont je suis sûr que la plupart d'entre nous ne sont pas prêts à faire face. Supposez que Dieu vous apparaisse et vous dise: "Demande-moi ce que tu veux et je te le donnerai." Que répondrez-vous? Lisons la réponse de Salomon:

"Maintenant, Eternel mon Dieu, c'est toi qui as établi ton serviteur roi à la place de mon père David, et moi je ne suis qu'un petit jeune homme, je ne sais pas gouverner. Ton serviteur est au milieu de ton peuple, celui que tu as choisi, peuple nombreux, qui ne peut être ni évalué ni compté, à cause de son grand nombre." (1 Rois 3:7-8)

Salomon était confronté à une situation qui était trop écrasante pour lui. Il savait qu'il ne pourrait pas y faire face. Qu'allait-il demander? Voici maintenant sa requête:

"Accorde donc à ton serviteur un cœur attentif pour gouverner ton peuple, pour discerner le bien du mal! Car qui pourrait gouverner ton peuple, ce peuple si important? Cette demande formulée par Salomon plut au Seigneur." (1 Rois 3:9-10)

Là où la traduction est "un cœur attentif", l'hébreu dit littéralement "un cœur qui écoute". Voilà de quoi nous parlons, d'un cœur qui peut écouter Dieu. Salomon l'a reçu comme un don de Dieu. Ce dernier le lui a donné parce qu'il le lui avait demandé. Permettez-moi de vous demander: "N'avez-vous jamais demandé à Dieu un cœur qui écoute?" "Réalisez-vous que c'est avec le cœur que nous écoutons Dieu?" "Réalisez-vous que cela va faire toute la différence dans votre vie si vous savez écouter la voix de Dieu avec votre cœur?" C'est avec votre cœur que vous entendez la voix de Dieu, pas avec vos oreilles physiques. J'ai donné plus haut l'exemple d'un coffre-fort à la banque qui est programmé de façon électronique pour ne s'ouvrir qu'à la voix du directeur de la banque. Sa voix, comme n'importe quelle autre, est unique. Il n'existe aucune façon de la copier. La seule personne susceptible d'ouvrir ce coffre-fort est donc le directeur de la banque quand il prononce certaines paroles avec sa voix. Je crois que votre cœur et le mien sont ainsi. Le cœur est un coffre-fort. C'est l'endroit où nous déposons les choses qui ont de la vraie valeur pour nous. Dans Proverbe 4:23, les paroles de Salomon sont:

> "Garde ton cœur plus que toute autre chose, car de
> lui viennent les sources de la vie."

Ce que vous avez dans le cœur va décider du cours de votre vie. Votre cœur est donc un coffre-fort qui conserve des choses bien plus précieuses que celles semblable à un coffre-fort à la banque. Je pense que chaque enfant de Dieu devrait avoir un cœur qui soit comme un coffre-fort, programmé pour n'ouvrir qu'à une seule voix, celle du Seigneur. Jésus a dit: "Mes brebis entendront ma voix et me suivront." Il a affirmé qu'elles ne suivront pas la voix d'un étranger, parce qu'elles ne reconnaissent pas sa voix. Combien c'est important d'avoir un cœur qui ne s'ouvre qu'à la voix du Seigneur et qui ne s'ouvrira pas à la voix d'un étranger! Quelle sorte de cœur est-ce? C'est un cœur qui écoute. Nous avons des oreilles pour écouter non pas physiquement, mais dans notre esprit. Dans l'intérieur du plus profond de notre être, nous avons un cœur qui répond à la voix du Seigneur.

Et qu'en est-il de la surdité spirituelle? La Bible, tant dans l'Ancien que dans le Nouveau Testament, a beaucoup à nous apprendre à ce sujet. Jésus a dit, à ceux qui ne pouvaient pas comprendre ses paraboles, qu'ils étaient spirituellement sourds. Il l'exprime ainsi:

"C'est pourquoi je leur parle en paraboles, parce qu'en voyant ils ne voient pas, et qu'en entendant ils n'entendent ni ne comprennent. Et pour eux s'accomplit cette prophétie d'Esaïe: Vous entendrez bien, et vous ne comprendrez point. Vous regarderez bien, et vous ne verrez point. Car le cœur de ce peuple est devenu insensible; ils se sont bouché les oreilles, et ils ont fermé les yeux, de peur de voir de leurs yeux, d'entendre de leurs oreilles, de comprendre de leurs cœurs et de se convertir en sorte que je les guérisse." (Matthieu 13:13-15)

C'est là une image des gens qui n'ont pas le cœur à écouter la voix du Seigneur. Ils sont devenus intérieurement sourds. Un mot me semble significatif dans cette situation; c'est un mot qui fait peur. Il s'agit de "insensible". "Le cœur de ce peuple est devenu insensible." Leur cœur ne répond pas. Il n'est plus du tout sensible. Comparez avec ce que Dieu dit à Israël dans l'Ancien Testament:

"Aujourd'hui, si vous entendez sa voix, n'endurcissez pas votre cœur comme à Meriba, comme à la journée de Massa, dans le désert." (Psaume 95:7b-8)

Il continue ensuite au sujet de ces gens qui ont endurci leurs cœurs:

"Pendant quarante ans, j'eus cette génération en dégoût et je dis: C'est un peuple dont le cœur est égaré; ils ne connaissent pas mes voies. Aussi je jurai dans ma colère: Ils n'entreront pas dans mon repos." (Psaume 95:10-11)

Je crois qu'il existe beaucoup de personnes parmi le peuple de Dieu qui n'entrent jamais réellement dans son repos. Elles sont toujours en train d'errer dans le désert et n'entreront jamais dans la Terre promise. La raison est qu'elles n'ont jamais appris à écouter la voix de Dieu. Le seul moyen d'entrer dans le repos de Dieu, c'est d'écouter sa voix. Si vous mettez côte à côte ces deux récits tirés de l'Ancien et du Nouveau Testament, parlant de gens qui avaient le cœur sourd (autrement dit qui sont spirituellement sourds), il y a deux mots significatifs qui décrivent la condition des cœurs. Les deux termes utilisés sont "endurcis" et "insensibles". C'est là l'attitude du cœur qui n'entend pas. Qu'est-ce que cela sous-entend? Quel est l'opposé de l'endurcissement et de l'insensibilité? Je dirais que le mot clé est la "sensibilité". Il nous faut cultiver la sensibilité intérieure envers le Seigneur et envers sa voix. Laissez-moi vous donner une illustration. N'avez-vous jamais vu une personne aveugle lire le braille? Avez-vous remarqué ses doigts effleurer ces petits points sur le papier? Si je devais frotter mes doigts sur ces points, cela ne me servirait à rien. Je sentirais à peine quelque chose à la surface. Cependant une personne aveugle a tellement sensibilisé ses doigts que cela signifie quelque chose pour elle. Cela devient des paroles, un message. Je crois que c'est de cette façon qu'il nous faut cultiver un cœur sensible envers la voix du Seigneur. Il faut avoir un cœur tellement sensible que, quand Dieu nous parle, nous entendons sa voix. Cela signifie quelque chose pour nous. Je crois que c'est là la clé de voûte de la bénédiction et du fait de pouvoir entrer dans notre héritage. C'est tellement triste de penser aux gens qui ont erré dans le désert alors qu'ils auraient pu être dans la Terre promise, tout cela parce qu'ils n'ont pas cultivé un cœur sensible envers la voix du Seigneur. Permettez-moi de vous encourager à agir ainsi, à cultiver un cœur sensible.

Chapitre sept

Quatre conditions requises

Nous allons à présent étudier les quatre conditions requises indispensables pour parvenir à la sensibilité de cœur dont nous venons de parler. Les deux premières conditions vont ensemble et je les appellerai "l'attention" et "l'humilité". Elles sont citées de nombreuses fois dans le livre des Proverbes, et n'oublions pas que les Proverbes ont été écrits par l'homme qui avait demandé à Dieu un cœur qui écoute, Salomon. Lisons trois passages tirés du livre des Proverbes où ces deux conditions sont citées ensemble:

> "Mon fils, sois attentif à mes paroles, tends
> l'oreille à mes discours." (Proverbe 4:20)

Les deux conditions sont d'être attentif et d'incliner l'oreille. "Tendre l'oreille" signifie "incliner la tête", ce qui est un signe de révérence, d'humilité respectueuse. Nous ne discutons pas avec Dieu, nous ne lui donnons pas d'ordre; nous attendons pour l'écouter. L'oreille inclinée est indispensable pour le faire.

> "Mon fils, sois attentif à ma sagesse, tends l'oreille
> à mon intelligence." (Proverbe 5:1)

Nous trouvons de nouveau les deux conditions, être attentif et tendre l'oreille.

> "Prête l'oreille et écoute les paroles des sages;
> applique ton cœur à ma connaissance." (Proverbe
> 22:17)

"Prête l'oreille et écoute les paroles des sages" signifie que, si nous n'inclinons pas notre oreille, nous ne pourrons pas écouter. Si nous n'avons pas la bonne attitude, l'attitude d'humilité, de respect, de révérence, alors nous ne pourrons pas écouter. C'est pourquoi il est écrit: "Prête l'oreille et écoute les paroles des sages; applique ton cœur à ma connaissance." C'est toujours le cœur qui écoute la voix de Dieu et nous devons appliquer notre cœur. Nous devons attendre, nous devons nous concentrer.

Laissez-moi résumer brièvement ces deux conditions. Avant tout, pour écouter la voix de Dieu, il nous faut lui donner une entière attention ("attentif", "applique ton cœur"). C'est tout à fait à l'opposé de la culture contemporaine où les gens sont habitués à écouter au moins deux choses à la fois. Je me souviens, lorsque mes enfants étaient adolescents et au lycée, d'avoir vu l'une de mes filles assise dans la cuisine en train de faire ses devoirs et de suivre un programme télévisé en même temps. Cela me dépassait. J'ai été étudiant, enseignant, professeur à l'université, et je n'aurais jamais pu le faire. Si je regardais la télévision, je ne pouvais pas me concentrer sur mes devoirs. Si j'étais concentré sur mes devoirs, je ne pouvais pas regarder la télévision d'une façon intelligente. Je ne veux pas dire que ma fille ne parvenait à aucun résultat, mais qu'elle ne pouvait pas se donner au maximum. Cela est typique de la culture américaine contemporaine, ou de toute autre culture dans le monde occidental. Les gens ont peur du silence. Le savez-vous? Ils veulent toujours entendre du bruit, une musique de fond, quelque chose pour les distraire en quelque sorte. Si vous voulez écouter la voix de Dieu, vous ne pouvez pas vous permettre d'être distrait. Il va falloir concentrer vos deux oreilles et toute votre intelligence sur lui. Il vous faut cultiver l'attention. C'est un don ou une qualité que beaucoup de gens ne possèdent plus aujourd'hui.

Ensuite, il nous faut incliner l'oreille. Nous devons être humbles et enseignables. Beaucoup de gens lisent la Bible ou prient Dieu avec leurs idées préconçues. Ils croient savoir ce que Dieu aurait dû dire, ce que Dieu va dire. Si Dieu voulait dire ou a dit quelque chose de différent, ils sont tout simplement incapables de l'entendre. Ils se sont rendus sourds par leurs idées préconçues. La plupart des gens qui appartiennent à une quelconque dénomination lisent la Bible selon le point de vue de leur dénomination. Ils se disent: "Bon, si cela ne fait pas partie de l'enseignement de ma dénomination, ce n'est pas dans la Bible." Croyez-moi, je ne pense pas qu'il y ait une seule dénomination qui possède la vérité totale. Il existe des choses dans la Bible que nous n'entendons pas souvent dans l'église et, si nous espérons entendre de Dieu qu'à partir de ce que nous entendons dans l'église, nous sommes spirituellement sourds. Nous passons à côté de ce que Dieu veut nous dire.

Les deux premières conditions pour entendre la voix de Dieu sont donc "l'attention" et "l'humilité".

Les deux autres conditions sont "le temps" et "la tranquillité". Combien ces deux mots sont démodés dans notre culture contemporaine. Il existe deux choses que pratiquement plus personne n'a aujourd'hui: le temps et la tranquillité. Pourtant, cela est mentionné beaucoup de fois dans le livre des Psaumes quand il est parlé d'écouter Dieu. Par exemple, dans le Psaume 46:10, il est écrit:

> "Tenez-vous tranquilles, et sachez que je suis Dieu…" (version Darby)

Dans la tranquillité nous écoutons la voix de Dieu. Une autre alternative à la traduction de ce verset, c'est: "Cesse de lutter et sache…", et une autre alternative citée en marge dit: "Abandonne-toi, détends-toi et sache…" (traduction littérale de la version anglaise NASB) Mettez tout cela ensemble: "Reste tranquille et sache; cesse de lutter et sache; abandonne-toi, détends-toi et sache." Qu'est-ce que cela vous dit? A moi, cela me parle de tranquillité, de détente, et cela nécessite du temps. Nous écoutons Dieu beaucoup de fois quand nous prenons le temps de l'attendre. Il ne parle pas toujours à la minute même où nous aimerions l'entendre. Le Psaume 62:1 dit:

"Sur Dieu seul mon âme se repose paisiblement."
(version Darby)

Ce sont là des paroles formidables. "Sur Dieu seul mon âme se repose paisiblement." Il vous faut attendre, vous reposer paisiblement, et votre attention ne doit se concentrer que sur une seule personne: Dieu. Ensuite, dans le Psaume 62:5, David parle à son âme et lui dit d'attendre:

> "Mais toi, mon âme, repose-toi paisiblement sur Dieu; car mon attente est en lui." (version Darby)

N'avez-vous jamais dit à votre âme: "Mon âme, repose-toi paisiblement sur Dieu"? L'accent est mis sur le fait d'attendre Dieu paisiblement, en étant dans une attitude d'attention, de révérence, de tranquillité et de détente, et en ayant notre cœur et notre pensée concentrés sur Dieu. A mon avis, il n'y a pas de meilleure préparation pour parvenir à cette attitude que l'adoration. Nous le voyons merveilleusement mis en valeur dans le Psaume 95:6-8a:

> "Venez, adorons et inclinons-nous (de nouveau, l'accent est mis sur l'humilité), agenouillons-nous devant l'Eternel qui nous a faits! Car c'est lui qui est notre Dieu; et nous, nous sommes le peuple de sa pâture et les brebis de sa main. Aujourd'hui, si vous entendez sa voix, n'endurcissez pas votre cœur." (version Darby)

Il y a encore cet avertissement de ne pas endurcir notre cœur si nous voulons entendre la voix de Dieu. Comment donc préparer notre cœur? Il n'y a pas de meilleure préparation que celle qui est soulignée dans ces versets: "Adorons, inclinons-nous, agenouillons-nous, approchons de Dieu avec révérence, ouvrons-lui notre cœur, adorons-le, reconnaissons sa grandeur, sa majesté, sa souveraineté, sa sagesse. L'Eternel est un grand

Dieu." Il nous faut lui donner tout le respect et toute la révérence dont nous sommes capables. Il nous faut apprécier l'énorme privilège que nous avons d'écouter Dieu, le Tout-Puissant, le Créateur de l'univers qui s'adresse à nous individuellement. De nos jours, nous rencontrons très peu de respect pour l'autorité dans notre culture contemporaine, mais Dieu nous le réclame toujours. Si nous nous approchons de lui, nous devons le faire avec respect, qui s'exprime dans l'adoration, en nous humiliant devant lui, en nous agenouillant s'il le faut, en reconnaissant sa grandeur, en lui ouvrant notre cœur. Quand nous voulons écouter Dieu, approchons-nous donc de lui avec adoration.

Chapitre huit

Dieu décide du moment et de l'endroit

Ce que je vais développer maintenant découle des points étudiés précédemment. La réalité, c'est que Dieu décide du moment et de l'endroit. Il nous faut absolument lui donner la priorité avant nos propres intérêts et nos activités. Il se peut que nous ayons déjà établi notre programme, nos occupations, les choses que nous avons envie et qu'il nous tarde de faire. Si nous voulons écouter la voix de Dieu, il nous faut être préparés à laisser tout cela, "à nous abandonner et à nous détendre" comme l'a dit le psalmiste. Il nous faut laisser Dieu décider du moment et de l'endroit, et ce ne sera pas forcément le moment et l'endroit de notre choix.

Je vais vous donner trois exemples d'hommes qui ont fait une rencontre avec Dieu et qui ont écouté sa voix. Ces trois hommes sont Moïse, Elie et Jérémie. Regardons d'abord à Moïse et lisons Nombres 7:89. Il y est décrit comment Moïse est entré dans le tabernacle qui avait été dressé dans le désert, et c'est là qu'il a parlé avec Dieu et que ce dernier lui a parlé. A chaque fois que je lis ce passage, une sorte de tranquillité descend sur mon âme. Je pense à ce tabernacle dressé là, sous le soleil ardent du désert, environné de choses arides, poussiéreuses et, à l'intérieur, la fraîcheur, l'ombre, la tranquillité. Ce passage me pousse toujours à m'éloigner de la chaleur, de la poussière, de l'agitation et de l'activité pour entrer dans un moment de recueillement où je peux parler avec Dieu et Dieu avec moi. Voici ce qui est écrit au sujet de Moïse:

"Lorsque Moïse entrait dans la tente de la Rencontre (le tabernacle) pour parler avec l'Eternel, il entendait la voix qui lui parlait du haut du propitiatoire placé sur l'arche du Témoignage, entre les deux chérubins. Et il (le Seigneur) lui (Moïse) parlait."

Il existait un endroit où Dieu parlait avec Moïse. C'était derrière le second voile du tabernacle, dans le saint des saints du lieu le plus sacré. Cela montre combien c'est sacré d'entendre la voix de Dieu. C'était entre les deux chérubins. Le chérubin parle là encore d'adoration et de communion. C'était du haut du propitiatoire placé sur l'arche du Témoignage, le lieu où le sang avait été versé. Cela parle du péché qui était couvert et pardonné. Combien ces détails sont importants! C'était un lieu d'adoration, un lieu de communion. C'était le lieu où se trouvait la preuve éternelle du péché pardonné et couvert. Souvenez-vous que le péché non couvert et non pardonné nous empêche d'entendre la voix du Seigneur. C'est donc là où Moïse entendait la voix de Dieu.

Je pense à une chose que Jésus disait à ses disciples, dans Matthieu 6:6. Lorsque ceux-ci priaient, ils devaient se retirer dans leur chambre. Pourquoi? Certainement pour s'éloigner de toute distraction, pour ne pas entendre ni voir les choses du monde, pour être tranquille devant Dieu. Je pense que chaque chrétien devrait avoir une sorte d'endroit tranquille. Cela me fait penser à l'un de mes amis, qui avait l'habitude d'aller dans un grand placard, sous les escaliers, là où l'on met les balais et ce genre de choses; c'était là où il écoutait Dieu. C'était devenu son endroit sacré.

Prenons maintenant l'exemple d'Elie. Le prophète avait expérimenté une très grande victoire personnelle. Il avait fait descendre le feu sur le sacrifice du mont Carmel, s'était humilié et avait même fait exécuter tous les faux prophètes. Cependant, il avait fui devant une femme, Jézabel, puis s'était retrouvé dans le désert et avait demandé à Dieu de lui reprendre la vie. Dieu avait alors envoyé un ange pour le fortifier et, avec la force qu'il avait reçue de l'ange, il avait pu continuer son chemin jusqu'au mont Horeb, endroit où Dieu avait fait pour la première fois une alliance avec Israël. Voici ce qui est arrivé à Elie quand il est parvenu au mont Horeb:

> "L'Eternel dit: Sors et tiens-toi sur la montagne devant l'Eternel! Et voici que l'Eternel passa; un grand vent violent déchirait les montagnes et brisait les rochers devant l'Eternel: l'Eternel n'était pas dans le vent. Après le vent, ce fut un grand tremblement de terre: l'Eternel n'était pas dans le tremblement de terre. Après le tremblement de terre, un feu: l'Eternel n'était pas dans le feu." (1 Rois 19:11-12a)

Nous découvrons ici trois démonstrations sensationnelles de la puissance de Dieu: le vent qui a déchiré les montagnes, un tremblement de terre et un feu. Ce qui est significatif, c'est que Dieu n'était pas dans ces démonstrations de puissance sensationnelles.

> "Enfin, après le feu, un son doux et subtil." (verset 12b)

J'ai déjà dit que Dieu ne crie pas. Certaines personnes ont une image de lui comme un homme qui crie. Je suppose que ce devait être l'image que Hitler avait de Dieu. Beaucoup de gens et de dictateurs ont une image de Dieu comme un homme impressionnant qui crie; mais Dieu est très différent. Après toutes les démonstrations de sa puissance, parvient un son doux et subtil et l'impact sur Elie a été considérable.

> "Quand Elie l'entendit (ce n'était pas le vent ni le tremblement de terre, mais le murmure doux et subtil), il s'enveloppa le visage de son manteau, il sortit et se tint à l'entrée de la grotte." (verset 13a)

Que signifie le fait d'envelopper son visage de son manteau? Cela veut dire adorer, s'incliner, s'humilier, ouvrir son esprit à Dieu. Elie était prêt à écouter:

> "Or, voici qu'une voix lui dit: Que fais-tu ici, Elie?" (verset 13b)

Pensez à la soigneuse préparation que Dieu avait fait faire à Elie pour qu'il entende sa voix. Dieu veut que nous entendions sa voix. Cependant, souvenez-vous que Dieu n'était pas dans le vent, dans le tremblement de terre ou dans le feu, mais dans un murmure doux et léger. Quand vous l'entendrez, vous aurez envie de vous couvrir le visage. Vous voudrez adorer. Votre cœur s'inclinera. C'est important de voir les résultats dans la vie d'Elie qui sont dus au fait d'avoir entendu ce murmure doux et léger. Il a reçu la force et une nouvelle direction pour son ministère. Quand il était arrivé à Horeb, c'était vraiment un homme vaincu. Il était prêt à abandonner, à tout quitter, à sombrer dans le désespoir. Après avoir entendu la voix de Dieu, il est devenu un vainqueur et a reçu une nouvelle direction. Jusqu'à ce moment-là, il ne connaissait pas la prochaine étape; mais le simple fait d'entendre la voix de Dieu lui a donné une direction pour son ministère. Ce sera pareil pour vous et moi. La force et une nouvelle direction viennent du fait d'écouter la voix de Dieu.

Voyons maintenant l'exemple de Jérémie. Voici ce que dit le prophète dans Jérémie 18:1-6:

> "Parole adressée à Jérémie de la part de l'Eternel en ces mots: Lève-toi, descends dans la maison du potier; et là, je te ferai entendre mes paroles." (versets 1 et 2)

Dieu a dit: "Si tu veux entendre ma voix, il te faut être dans un certain endroit; je vais te parler, mais il te faut être au bon endroit au bon moment." Jérémie a obéi. Il a dit:

"Je descendis dans la maison du potier, et voici qu'il (le potier) faisait un ouvrage sur le tour. Le vase qu'il faisait fut manqué, comme il arrive avec l'argile dans la main du potier, il en refit un autre vase, tel qu'il trouva bon de le faire. Et la parole de l'Eternel me fut adressée en ces mots: Ne puis-je pas agir envers vous comme ce potier, maison d'Israël? Oracle de l'Eternel. Voici: comme l'argile est dans la main du potier, ainsi vous êtes dans ma main, maison d'Israël!" (versets 3 à 6)

Il y a un endroit et un moment. Dieu voulait que Jérémie se rende dans la maison du potier, parce qu'il voulait qu'il voie ce que le potier était en train de faire sur son tour. Cela allait être une image de la façon dont Dieu allait agir avec Israël et aussi de la manière dont il agit avec Israël aujourd'hui. Pensez au peuple d'Israël aujourd'hui comme à un vase dans les mains du potier qui est en train de le façonner sur le tour des circonstances et de l'histoire à l'instant même. Ce message est d'actualité. Jérémie ne pouvait cependant pas le comprendre tant qu'il n'était pas au bon endroit. Il lui fallait obéir, être là. Dieu avait en quelque sorte donné un rendez-vous à Jérémie. Il lui a dit: "Si tu vas à la maison du potier, je te parlerai." Avant que Jérémie ait un message à apporter aux autres, il lui fallait d'abord écouter Dieu. J'ai toujours eu du mal à comprendre pourquoi, dans les écoles bibliques et les séminaires, nous passons tellement de temps à former les gens à parler et très peu à leur apprendre à écouter. Si vous n'écoutez jamais Dieu, vous n'avez rien à dire. Croyez-moi, un homme qui écoute Dieu mérite notre attention, même s'il ne possède pas tous les talents de l'homélie. Ce que les gens attendent aujourd'hui, c'est un homme qui écoute Dieu.

Je vais terminer par un petit exemple tiré de mon expérience personnelle. Il y a quelques années, j'étais en Europe, au Danemark, terre natale de ma première épouse, Lydia. Là, le Seigneur m'a clairement dirigé vers le sommet d'une certaine falaise qui domine sur ce que les Danois appellent la mer Occidentale et les Anglais la mer du Nord. C'était par un bel après-midi d'hiver et le soleil allait se coucher. Ses rayons se reflétaient dans l'eau et brillaient sur mon visage. Quand je suis parvenu au sommet de la falaise, alors que je me tenais tranquille devant Dieu et que je regardais la mer, le Seigneur m'a parlé pendant environ une heure. Il m'a montré que le mouvement de la mer, la façon dont les vagues se dirigeaient, c'était un peu comme l'histoire de l'Eglise. L'Eglise a démarré avec la marée haute et, petit à petit, les eaux ont diminué et cela a été la marée basse, les heures sombres. Puis la marée a changé, les eaux ont commencé à monter de nouveau, mais cela a été vague par vague, un grand mouvement de l'Esprit après l'autre. Dieu m'a révélé des choses que je ne me sens pas libre de partager maintenant au sujet de ce qui va se passer alors que l'ère de l'Eglise atteint son point culminant. Tout cela a eu lieu parce que j'ai eu un rendez-vous avec Dieu au sommet d'une falaise qui domine la mer du Nord. Je voudrais vous encourager. Si Dieu vous dit d'aller à un certain endroit, allez-y. Il pourrait se servir de cette occasion pour vous parler d'une façon inimaginable.

Chapitre neuf

Comment être sûr?
(première partie)

J'ai réalisé, dans ma propre vie, que le fait d'entendre la voix de Dieu correctement est généralement le facteur clé pour parvenir à un véritable succès spirituel. Alors comment être sûr que c'est la voix de Dieu que nous entendons? Je vais vous expliquer trois points importants (ou trois sortes de confirmations) qu'il vous faut vérifier pour être sûr d'avoir entendu correctement la voix de Dieu. La première confirmation, c'est l'accord avec les Ecritures. Ce que nous pensons avoir entendu de Dieu est-il en accord avec l'Esprit et l'auteur des Ecritures? Cela est d'une importance capitale. Laissez-moi vous présenter deux faits qui sont intimement liés. Le premier est que c'est le Saint-Esprit qui vous permet d'entendre la voix de Dieu. Le second est que le Saint-Esprit est l'auteur de toutes les Ecritures. Cela est bien mis en évidence dans plusieurs passages de la Bible et je vais juste en citer un:

"Toute Ecriture est inspirée de Dieu et utile pour enseigner, pour convaincre, pour redresser, pour éduquer dans la justice." (2 Timothée 3:16)

"Inspirée de Dieu" implique que c'est le Saint-Esprit qui a soufflé sur les Ecritures, qui en a motivé et dirigé les auteurs. Le Saint-Esprit est donc l'auteur ultime de toutes les Ecritures. Derrière tous les auteurs humains, il y a une personne divine qui est responsable de l'exactitude et de l'autorité des Ecritures. Cette personne divine est le Saint-Esprit. Il est celui qui nous permet d'entendre la voix divine et celui qui est l'auteur de toutes les Ecritures. Une chose dont nous sommes sûrs, c'est que le Saint-Esprit ne se contredit jamais lui-même. Il ne va donc jamais nous donner une parole de Dieu qui n'est pas en accord avec les Ecritures. Le premier moyen d'être sûr que nous avons bien entendu la voix du Seigneur est donc de contrôler ce que nous croyons avoir entendu avec les Ecritures. Est-ce en accord avec les textes, avec l'esprit et avec les principes des Ecritures? Sinon, vous pouvez être sûr que ce n'était pas la voix de Dieu que vous avez entendue. Il vous faut faire attention à rejeter toutes les contrefaçons de Satan, qui possède beaucoup de moyens de contrefaire la voix du Seigneur. Esaïe 8:19-22 nous le montre clairement et d'une manière très appropriée à notre culture et à notre situation aujourd'hui:

> "Et s'ils vous disent: Enquérez-vous des évocateurs d'esprit et des diseurs de bonne aventure, qui murmurent et qui chuchotent, … un peuple ne s'enquiert-il pas de son Dieu? Ira-t-il aux morts pour les vivants? A la loi et au témoignage! S'ils ne parlent pas selon cette parole (la loi et le témoignage, l'Ancien et le Nouveau Testament, les Ecritures), il n'y a pas d'aurore pour lui. (Et voici le jugement sur tous ceux qui apportent des messages ou écoutent des messages qui ne sont pas de Dieu:) Et il passera là, affligé et ayant faim; et il arrivera que, lorsqu'il aura faim, il se dépitera et maudira son roi et son Dieu; et il regardera en haut, et il fixera son regard sur la terre, et voici la détresse et les ténèbres, l'obscurité de l'angoisse! Et il est repoussé dans d'épaisses ténèbres." (version Darby)

Quelle liste terrible! Détresse, ténèbres, obscurité de l'angoisse, épaisses ténèbres… Ce sont là les conséquences de la tromperie, d'avoir écouté les contrefaçons de Satan. Le monde en est de nos jours rempli. La liste serait trop longue, aussi je vais juste en mentionner quelques-unes. Tout d'abord, les médiums, le spiritisme (comme mentionné dans Esaïe 8), puis les diseurs de bonne aventure, les horoscopes, les planches

Oui-ja, les jeux de cartes (tarots), les lectures dans le marc de café, les différentes formes de science mentale, etc. Vous pouvez me croire, je parle par expérience. Avant de connaître le Seigneur Jésus, j'étais profondément impliqué dans le yoga et je sais dans quelle obscurité je me trouvais. Je me souviens du combat que j'ai eu pour me détourner de ces ténèbres et passer à la lumière et à la vérité des Ecritures et du Seigneur Jésus-Christ. Quelle est la fin de toutes ces contrefaçons? Lisons-le encore une fois: "Et voici la détresse et les ténèbres, l'obscurité de l'angoisse! Et il est repoussé dans d'épaisses ténèbres." Cependant, si nous marchons selon les Ecritures, nous aurons la lumière. Le Psaume 119:105 dit:

> "Ta parole est une lampe à mes pieds et une lumière sur mon sentier."

Si nous marchons selon les Ecritures, nous ne marcherons jamais dans les ténèbres. Il se peut que nous ne verrons pas très loin, mais nous aurons assez de lumière sur notre sentier et aussi pour l'étape suivante. Souvenez-vous de la première condition fondamentale, qui est que ce que nous pensons être la voix de Dieu est en accord total avec les Ecritures.

Le deuxième moyen est la confirmation des circonstances. Je vais vous citer l'exemple de Jérémie, qui était en prison à ce moment-là. La ville de Jérusalem avait été assiégée. Jérémie avait lui-même prophétisé que la ville serait prise et que le pays serait ravagé par l'armée de Babylone et qu'il s'ensuivrait partout la destruction et la détresse. Toutefois, tout en étant dans sa prison et après avoir prophétisé ces choses, il a entendu du Seigneur une parole tout à fait surprenante:

> "Jérémie dit: La parole de l'Eternel m'a été adressée en ces mots: Voici que Hanaméel, fils de ton oncle Challoum, va venir auprès de toi pour te dire: Achète mon champ qui est à Anathot, car tu

as le droit de rachat pour l'acquérir. (Ce champ n'avait vraiment aucune valeur en Israël à ce moment-là. Il n'y avait aucune raison d'acheter un champ qui allait être envahi et ravagé par les Babyloniens. C'était vraiment étonnant.) Et Hanaméel, fils de mon oncle, vint auprès de moi selon la parole de l'Eternel dans la cour de la prison et il me dit: Achète mon champ qui est à Anatoth, dans le pays de Benjamin, car tu as le droit de propriété et de rachat, achète-le! (Faites attention maintenant à ce que dit Jérémie:) Je reconnus que c'était la parole de l'Eternel. J'achetai de Hanaméel, fils de mon oncle, le champ qui est à Anatoth." (Jérémie 32:6-9a)

"Je reconnus que c'était la parole de l'Eternel." Le Seigneur lui avait dit quelque chose d'étonnant, d'improbable. Il n'était pas tout à fait sûr, mais il a attendu pour voir. Très peu de temps après, il s'est passé quelque chose qui l'a convaincu que c'était bien la parole du Seigneur. Son oncle a fait une chose incroyable. Il est venu le trouver en prison pour lui demander d'acheter précisément ce champ dont le Seigneur lui avait parlé. C'est ce que j'appelle "la confirmation des circonstances". Je vais vous donner deux exemples possibles tirés de la vie courante. Il se peut que vous vous sentiez poussé à acheter une maison dans votre région. Celle-ci n'est même pas en vente, mais vous allez frapper à la porte et vous dites à la dame qui vous ouvre: "Vous savez, si vous voulez vendre votre maison, je serais intéressé de l'acheter." La réponse que vous recevez est celle-ci: "C'est incroyable! Mon mari et moi venons tout juste de décider de la vendre! Nous n'avons pas encore eu le temps de la mettre en vente sur le marché!" C'est là la parole du Seigneur. Vous avez obtenu la confirmation des circonstances. Ou encore vous dirigez une entreprise dans une ville, vous avez une belle maison et une bonne situation; pourtant le Seigneur vous dit de déménager dans une autre ville et vous ne comprenez pas pourquoi. Vous dites alors: "Seigneur, je ne comprends pas vraiment, mais si cela doit être ainsi, montre-le-moi." Le jour d'après, votre patron vous appelle pour vous proposer une mutation exactement dans la ville que le Seigneur vous a montrée, avec une augmentation de salaire en plus. Qu'allez-vous alors penser? Vous allez dire comme Jérémie: "J'ai reconnu que c'était la parole de l'Eternel."

La troisième confirmation importante que vous devriez avoir quand vous pensez avoir entendu la voix de Dieu dans votre cœur, c'est sa paix. La voix de Dieu produira toujours la paix de Dieu. Lisons Colossiens 3:15-16:

> "Que la paix du Christ, à laquelle vous avez été appelés pour former un seul corps, règne dans vos cœurs. Soyez reconnaissants. Que la parole du Christ habite en vous avec sa richesse, instruisez-vous et avertissez-vous réciproquement, en toute sagesse, par des psaumes, des hymnes, des cantiques spirituels; sous l'inspiration de la grâce, chantez à Dieu de tout votre cœur."

La phrase clé se trouve au début: "Que la paix de Christ règne dans votre cœur." Le mot traduit par "règne" signifie "agir comme un arbitre" ou "décider dans une situation donnée qui a tort et qui a raison". La Bible amplifiée rend très bien ce verset. Elle dit ceci: "Que la paix (l'harmonie de l'âme qui provient) de Christ règne (comme un perpétuel arbitre) dans vos cœurs, décidant d'une façon irrévocable de toutes les questions qui se lèvent dans vos pensées..." Nous avons un arbitre intérieur, qui décide des sujets que nous n'arrivons pas à décider. Quel est cet arbitre? C'est la paix de Dieu. Quand la paix de Dieu dit "oui", c'est bon; quand elle n'est pas là, il nous faut être prudent. Nous devrions dire: "Bon, Seigneur, si cela est de toi, que la paix soit dans mon cœur." Si nous ne sommes pas tranquille et qu'il y a une lutte en nous, plus particulièrement si nous nous sentons poussés à agir très vite, alors prenons garde, car il semblerait que la paix de Dieu se soit retirée. Dieu veut ainsi dire: "Tu ne m'as pas entendu comme il faut", ou: "Tu n'as pas fait exactement comme je t'avais dit." Il y a trois facteurs combinés dans ce passage que nous venons de lire: la paix de Dieu, les remerciements et la parole de Dieu dans notre cœur. Vous pourrez avoir ces trois choses ensemble. La paix de Dieu sera là si c'est la voix de Dieu, et vous serez rempli d'actions de grâce. Si cela vous demande un horrible effort de remercier Dieu, si vos louanges diminuent, alors ce n'est probablement pas le Saint-Esprit qui agit en vous. Ensuite il est écrit: "Que la parole de Christ, ou la parole de Dieu, demeure abondamment en vous." Vous êtes en permanence en train de vérifier avec les Ecritures.

Récapitulons ces trois moyens de recevoir des confirmations si nous pensons avoir réellement entendu la voix de Dieu:

1. La voix de Dieu est toujours en accord avec les Ecritures, le Saint-Esprit est l'auteur des Ecritures.
2. Il y aura toujours la confirmation des circonstances. D'une manière ou d'une autre, les choses se mettront en place pour que nous sachions que Dieu est à l'œuvre.
3. Nous avons besoin de la paix de Dieu dans notre cœur, la paix de Dieu qui domine, qui arbitre en disant: "Oui, c'est bien ça. Non, c'est faux."

Si nous marchons ainsi, il nous sera difficile de nous tromper!

Chapitre dix

Comment être sûr?
(deuxième partie)

Pour terminer, je vais partager avec vous un moyen supplémentaire par lequel nous pouvons nous attendre à recevoir une confirmation que nous avons bien entendu la voix de Dieu. Elle se trouve à travers nos frères et sœurs dans la foi. Prenons d'abord un exemple dans le Nouveau Testament, celui de l'église d'Antioche qui a envoyé Barnabas et Saul en mission apostolique. Nous le lisons dans Actes 13:1-3:

> "Il y avait, dans l'église qui était à Antioche, des prophètes et des docteurs: Barnabas, Siméon appelé Niger, Lucius de Cyrène, Manaën qui avait été élevé avec Hérode le tétrarque, et Saul (cinq hommes sont ici nommés: Barnabas, Siméon, Lucius, Manaën et Saul qui est plus tard devenu Paul). Pendant qu'ils célébraient le culte du Seigneur et qu'ils jeûnaient, (je vous ai dit plus haut que l'adoration est la meilleure préparation pour entendre la voix du Seigneur. Comme ils jeûnaient, ils étaient vraiment en train de chercher Dieu de tout leur cœur), le Saint-Esprit dit: Mettez-moi à part Barnabas et Saul pour l'œuvre à laquelle je les ai appelés ("le Saint-Esprit dit." Vous devez le retenir. Je vous ai déjà fait remarquer que c'est le Saint-Esprit qui nous fait entendre la voix de Dieu). Alors, après avoir jeûné et prié, ils leur imposèrent les mains et les laissèrent partir."

Remarquez les paroles que le Saint-Esprit a utilisées, parce qu'elles sont importantes: "Mettez-moi à part Barnabas et

Saul pour l'œuvre à laquelle je les ai appelés." Le Saint-Esprit avait déjà appelé Barnabas et Saul. Ce n'était pas la première fois qu'ils en entendaient parler. Il s'agit là d'une confirmation publique, à travers des frères de l'assemblée, que leur appel était de Dieu. C'était très important. Ils avaient besoin de cette confirmation publique. Il nous faut nous souvenir de l'histoire de Paul, de la façon dont Dieu a agi avec lui, comment, dès la première fois que Jésus est apparu à Paul, il a su qu'il allait devenir un apôtre. C'est ce qu'il dit; il accentue, à plusieurs reprises à divers endroits dans ses écrits, que son apostolat ne vient pas des hommes. Il dit par exemple dans Galates 1:1:

> "Paul, apôtre, non de la part des hommes, ni par
> un homme, mais par Jésus-Christ et par Dieu le
> Père qui l'a ressuscité d'entre les morts."

Remarquez qu'il n'a pas été envoyé de la part des hommes ou par un homme, mais par Jésus-Christ et Dieu le Père. L'appel apostolique de Paul est donc venu directement de Dieu et non des hommes. Dieu l'a de plus confirmé à travers des hommes. Cela s'est passé dans l'église d'Antioche où le Saint-Esprit a dit: "Mettez-moi à part Barnabas et Saul pour l'œuvre à laquelle je les ai appelés." Ils avaient déjà reçu leur appel individuel, mais c'était là une confirmation publique. Cela démontre l'importance que Dieu attache aux confirmations, afin que nous écoutions correctement sa voix. Je suis persuadé que cette confirmation publique de l'appel de Paul dans l'église d'Antioche a servi à trois desseins. Tout d'abord, cela a servi à fortifier la propre foi de Paul. Je pense que beaucoup d'entre nous savent qu'il y a des moments où nous avons besoin de la confirmation des autres. Nous marchons sur un chemin assez solitaire. Nous nous demandons si nous avons vraiment entendu Dieu. Les choses semblent tellement impossibles, ce que Dieu nous a dit semble tellement lointain. Alors Dieu, dans sa grâce, nous donne des confirmations à travers nos frères et sœurs dans la foi. Ensuite, ce qui s'est passé dans l'église d'Antioche a validé l'appel de Paul envers ses frères et sœurs dans la foi. Ce n'était pas suffisant de savoir qu'il était appelé, les autres devaient savoir qu'il l'était afin de pouvoir l'envoyer et le soutenir. Enfin, cet événement a accentué l'interdépendance des membres du corps de Christ. Le fait de ne pas agir unilatéralement, tout seul, mais de réaliser que nous sommes membres d'un corps et dépendons des autres membres est une chose à laquelle Dieu attache une très grande importance. Personne ne peut travailler seul et dire: "Peu importe ce que les autres font. Je sais que j'ai raison." C'est là une attitude qui est presque toujours erronée.

Je veux maintenant souligner deux points importants au sujet de cet épisode. Tout d'abord, la confirmation de Paul et Barnabas est venue à travers des frères dans la foi qui avaient fait leurs preuves en matière d'intégrité et de maturité. C'est important. Il faut savoir distinguer à travers quelle personne Dieu nous parle. Si c'est un croyant dont nous connaissons la fidélité et la maturité, c'est beaucoup plus significatif que si cela vient d'une personne qui est peut-être instable, tout juste nouvellement convertie ou qui ne mène peut-être pas une vie sanctifiée. Une confirmation provenant de ce genre d'individu a relativement peu de valeur. Si cela provient des frères et sœurs dans la foi qui ont fait leur preuve en matière d'intégrité et de maturité, la portée en est considérable.

Ensuite, des hommes vraiment spirituels ne vont pas de l'avant tout seul, sans tenir compte des autres. Je le respecte dans la personnalité de Paul. Il savait que Dieu l'avait appelé, mais il ne s'est pas précipité en disant: "Très bien, je m'en vais. Au revoir." Il a attendu que Dieu confirme et valide son appel avec d'autres chrétiens. Puis il est parti avec leur soutien et leurs prières. Croyez-moi, nous avons tous besoin d'agir ainsi. C'est important de réaliser que notre capacité à entendre Dieu à travers les autres dépend pour beaucoup de la nature de notre relation avec eux. En d'autres termes, meilleure est notre relation avec les autres, mieux nous pouvons écouter la voix de Dieu à travers eux ou recevoir une confirmation d'eux. Des relations correctes sont extrêmement importantes pour pouvoir être capable d'entendre la voix de Dieu. Il existe trois sortes de relations particulières à travers lesquelles nous pouvons nous attendre à entendre la voix de Dieu. Le Nouveau Testament y attache une importance particulière et les sanctifie même. Ces trois sortes de relations sont celles entre les pasteurs (anciens) et la congrégation, entre un mari et sa femme, et entre des parents et leurs enfants. Lisons ce que les Ecritures en disent dans Hébreux 13:7:

> "Souvenez-vous de vos conducteurs qui vous ont annoncé la parole de Dieu; considérez l'issue de leur vie et imitez leur foi."

Le mot "considérez" implique ici de la considération respectueuse. "Ayez du respect pour ceux qui vous dirigent, ils vous apportent la parole de Dieu." Par conséquent, si Dieu vous parle d'une façon indépendante, c'est-à-dire directement et personnellement, il serait important pour vous que vos responsables, qui vous ont déjà annoncé la parole de Dieu, vous confirment ce que Dieu a dit. Je ne dis pas que cela se passe toujours ainsi. Cependant, si je me trouvais dans la situation de membre d'une église ayant des dirigeants pieux qui annoncent la parole de Dieu à la congrégation, et si je pensais que j'avais entendu Dieu, si j'allais trouver le pasteur, les anciens ou les dirigeants quels qu'ils soient pour le leur dire et que ceux-ci aient prié Dieu, attendu une confirmation et soient revenus avec la réponse suivante: "Nous ne pensons pas que cela vient de Dieu", alors croyez-moi je serais extrêmement prudent avant de continuer. Parce que c'est normal et juste pour le peuple de Dieu d'écouter ses responsables.

Vient ensuite la relation entre un mari et sa femme dans Ephésiens 5:22-24:

> "Femmes, soyez soumises chacune à votre mari, comme au Seigneur; car le mari est le chef de la

femme, comme Christ est le chef de l'Eglise, qui est son corps et dont il est le Sauveur; comme l'Eglise se soumet au Christ, que les femmes se soumettent en tout chacune à son mari."

Voilà une autre relation sacrée. Dieu, dans son infinie sagesse, a fait du mari la tête de sa femme, et l'a rendu ainsi responsable de son bien-être et de sa condition spirituelle. Je réalise qu'aujourd'hui beaucoup de maris ne prennent pas vraiment cette responsabilité à cœur. Néanmoins, l'ordre biblique est que la femme soit soumise à son mari. Il est fort dangereux pour une femme mariée de prétendre avoir entendu la voix de Dieu et d'aller de l'avant sans l'accord de son mari et sans que celui-ci ait donné son approbation et sa bénédiction. Je connais beaucoup de cas d'épouses ayant agi de la sorte. Les conséquences ont presque toujours été spirituellement désastreuses, parce que c'est contraire à l'ordre divin. L'état d'esprit d'une femme qui dit: "Peu importe ce que dit mon mari, je vais le faire!" n'est pas le genre d'attitude qui permet d'écouter Dieu réellement. C'est plutôt le style d'attitude qui démontre une forte rébellion, et les gens rebelles ne peuvent pas écouter correctement la voix de Dieu.

Enfin une relation similaire et tout aussi sacrée, celle entre des parents et leurs enfants. Lisons Ephésiens 6:1:

"Enfants, obéissez à vos parents selon le Seigneur,
car cela est juste."

Remarquez la garantie "selon le Seigneur". Si des parents demandent à leurs enfants de faire quelque chose de contraire à la morale ou d'absolument non conforme aux Ecritures, ils ne sont pas obligés. Dans tous les autres cas les enfants sont obligés d'obéir à leurs parents. Si Dieu parle à un enfant, il peut aussi parler aux parents de l'enfant et leur faire accepter ce qu'il a dit à l'enfant.

Il existe donc une double application dans ces relations. Tout d'abord le côté positif, celui qu'il faut nous attendre à écouter l'avis que ces relations vont nous donner. Ensuite l'aspect négatif, qu'il nous faut être très prudents si nous pensons avoir entendu Dieu d'une façon qui ignore ou met de côté ces relations sacrées.

Que Dieu vous bénisse dès l'application de ces principes et tout en écoutant sa voix!

(Si vous désirez étudier ce sujet d'une façon plus approfondie, nous vous recommandons les livres "Le Saint-Esprit, oui! Mais…" et "Qui est le Saint-Esprit?" de Derek Prince.)

Cessez de vous trouver des excuses et faîtes en sorte que votre désir d'étudier la parole de Dieu devienne une réalité !

Cours biblique par correspondance: 'Les fondations chrétiennes' par Derek Prince

La plupart des chrétiens ont un désir sincère d'une meilleure connaissance de la Bible. Ils savent qu'une étude suivie et approfondie de la parole de Dieu est indispensable pour mûrir et vivre une vie chrétienne efficace. Malheureusement, la plupart manquent aussi de discipline, de direction et de motivation pour réussir une telle étude. Par conséquent, ils passent à coté des nombreux avantages obtenus par la connaissance et l'application de la Parole. Afin de fournir une direction et une discipline systématique dans l'étude de la Bible, Derek Prince a développé le cours par correspondance 'Les fondations chrétiennes'. Cette étude par correspondance vous permet de travailler à votre propre rythme, tout en offrant l'avantage d'un contact direct avec un coordinateur biblique qui peut vous fournir une direction ou de l'aide. Le cours est conçu autour de techniques d'enseignements établies et efficaces et est méthodique, avec des fondements bibliques et pratiques. Si vous souhaitez obtenir une brochure gratuite vous donnant plus d'informations sur le cours et comment vous inscrire (Europe, DOM/TOM et Amérique du Nord seulement), merci de contacter:

Derek Prince Ministries France, B.P 31, 34210 Olonzac
Tel 04 68 91 38 72, fax 04 68 91 38 63
Email: info@derekprince.fr

www.ingramcontent.com/pod-product-compliance
Lightning Source LLC
Chambersburg PA
CBHW060041040426
42331CB00032B/1992